LA

GUERRE SOCIALE

DISCOURS PRONONCÉ AU CONGRÈS DE LA PAIX

A LAUSANNE (1871)

PAR

Mᵐᵉ ANDRÉ LÉO  *de Champceix*

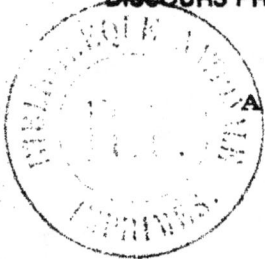

———— ◦◖◍◗◦ ————

NEUCHATEL

IMPRIMERIE G. GUILLAUME FILS.

— 1871 —

LA
GUERRE SOCIALE

MESDAMES, MESSIEURS,

En 1867, quand la Ligue de la paix et de la liberté s'est
formée, elle était l'expression en Europe, et surtout en
France, d'une pensée très morale, très juste, qui s'éton-
nait de trouver encore dans le code des nations civilisées,
ou se disant telles, des *lois de la guerre* ; qui s'indignait
que, de temps à autre, des menaces, des bruits de guerre,
prissent place dans la politique des cours et vinssent
troubler les affaires publiques. Il y eut alors, de la part
des littérateurs et des publicistes, une sorte de croisade,
à laquelle votre ligue donna plus de consistance, et dont
elle prolongea le retentissement. Elle se trouva être, en
même temps, une protestation contre ces pouvoirs impé-
riaux et royaux qui disposent de la vie des hommes, et
qui n'écoutent qu'eux-mêmes et leurs monstrueux calculs.
Ils ont en effet, malgré vous, malgré l'opinion, fait la
guerre de 1870. Les monarques sont inconvertissables.
Heureusement, il n'en n'est pas de même du sens public.
Celui-ci avait compris. Le sentiment des maux de la

guerre et de leur folie s'était propagé rapidement jusque dans le peuple, et ce sentiment fut pour beaucoup dans la stupéfaction, dans l'indignation, que causa en France la déclaration de guerre du 15 juillet. On peut le dire avec certitude, et vous le reconnaissez : les guerres, faussement appelées nationales, ne sont que des guerres monarchiques. La guerre et la monarchie se tiennent; elles vivent et mourront ensemble. Votre ligue est républicaine. Sur ce point vous n'hésitez pas, et votre œuvre est définie, aussi bien que votre action.

Mais il est une autre guerre, à laquelle vous n'aviez pas songé, et qui dépasse l'autre de beaucoup en ravages et en frénésie. Je parle de la guerre civile.

Elle existe en France depuis 1848 ; mais beaucoup s'obstinaient à ne pas la voir. Aujourd'hui, quel sourd n'a entendu les canons de Paris et de Versailles ? Et ces fusillades dans les parcs, dans les cimetières, dans les terrains vagues, et dans les villages autour de Paris ? — Quel aveugle n'a vu ces charretées de cadavres qu'on transportait, le jour d'abord, puis la nuit ; ces prisonniers, hommes, femmes, enfants, que l'on conduisait à la mort par centaines, sous les feux de peloton ou les mitrailleuses ? Et ces longues files de malheureux, défaits, déchirés, que l'on insultait, que l'on crossait, que l'on courbait à genoux, à la honte de l'humanité, sur le chemin de Versailles ? Qui n'entend dans son cœur (à moins de n'en pas avoir) le cri de ces 40,000, transportés sans jugement, entassés depuis quatre mois, six mois, dans les pontons de nos ports.

On a répandu sur ces horreurs, comme des voiles, tous les mots que la langue prête aux rhéteurs pour combattre la vérité. Etant si coupable, on a beaucoup accusé. On a beaucoup crié, pour empêcher d'entendre. Depuis quatre mois, pendant les deux premiers mois surtout, la calomnie a coulé à pleins bords, de toutes ces feuilles venimeuses, qui marquent d'infamie les causes qu'elles embrassent. Et les autres, prises de peur, sous la terreur qui régnait, ont lâchement, sans examen, répété ces accusations, ces calomnies. On a flétri du nom d'assassins les assassinés, de voleurs les volés, de bourreaux les victimes.

Je sais ce qu'on peut dire contre la Commune. Plus que personne, j'ai déploré, j'ai maudit l'aveuglement de ces hommes — je parle de la majorité — dont la stupide incapacité a perdu la plus belle cause. Quelle souffrance, jour à jour, à la voir périr! Mais aujourd'hui, ce ressentiment expire dans la pitié. Ces torts de la Commune, depuis Mai, j'ai besoin de les rappeler à ma mémoire. Un tel débordement de crimes a passé sur eux qu'on ne les voit plus. Une telle débauche d'infamies a succédé à ces fautes, qu'elles sont devenues honorables en comparaison.

Permettez-moi, pour répondre aux doutes qui existent probablement à ce sujet dans beaucoup d'esprits, de mettre en regard, le plus succinctement possible, les actes des deux partis. Car il s'agit pour vous à mon sens, de prendre parti dans ce drame terrible, qui n'est pas fini, qui ne finira pas de longtemps, et qui n'admet pas de neutres. Vous ne pouvez pas vous appeler la Ligue de la paix et de la liberté, et demeurer indifférents à ces massacres, à ces violences.

De quoi sont accusés les révolutionnaires de Paris ?
De pillage, de meurtre, d'incendie.

Le pillage, ce pillage des maisons de Paris sous la
Commune, c'est une calomnie signée Thiers, et répandue
à des milliers d'exemplaires, avec l'argent de la France,
pour tromper la France. Il n'y a pas eu de pillage. Il y a
eu des mesures financières contestables, soit ; moins contestables peut-être que celles de M. Pouyer-Quertier ;
mais quelques confiscations arbitraires qui ont eu lieu,
ont été de suite blâmées et réparées, et l'ordre—je parle
du véritable, de celui qui est à la fois la sécurité et la
décence, un ordre tout différent de l'ordre du luxe, du
despotisme et de la débauche, et de cet ordre de Varsovie
qui règne actuellement à Paris—l'ordre véritable a existé
pendant ces deux mois, où Paris fut tout entier dans la
main du pauvre. Ceux qui l'ont habité le savent. S'il y a
eu çà et là des exceptions, elles ont été rares. Les prêtres
seuls ont été l'objet de persécutions personnelles re-
grettables — je ne prétends pas tout excuser, je dis la
vérité et je compare.—Certaines gens vous parleront des
dangers qu'ils ont courus. Interrogez-les bien : ils n'ont
subi que leurs propres frayeurs. Qu'ils vous montrent
leurs blessures.

Dans quelques services, par le fait de certains agents,
des dilapidations ont eu lieu.—Les administrations monarchiques sont-elles exemptes de ces accidents ? Tous les
services étaient désorganisés et l'on a eu moins de deux
mois, de combats journaliers, pour tout recréer et mettre
en ordre. Certes, il restait beaucoup à faire ; mais le temps
a manqué. Au moins régnait-il une grande économie re-
lative, une grande simplicité générale. Au ministère de

l'instruction publique, au lieu de cette troupe de gens en livrée qu'avait conservés le 4 septembre, on trouvait une bonne à tout faire, un employé d'antichambre et un portier.

Depuis, que s'est-il passé dans ce Paris, rendu au pouvoir *des gens de l'ordre?* Toutes les maisons ont été fouillées, perquisitionnées de fond en comble, non pas seulement une fois, mais deux, trois et quatre. Et dans ces perquisitions, des vols, des saccages, ont été fréquemment commis. J'ai beaucoup de faits particuliers ; je n'en citerai qu'un général. Tous ceux qu'on fusillait étaient dépouillés de ce qu'ils portaient sur eux, argent et bijoux. Et l'argent, et souvent les bijoux, étaient distribués aux soldats, prime de meurtre.

Les meurtres, *il n'y en a pas eu sous la Commune,* sauf l'exécution aux avant-postes de quelques espions (sept en tout), fait habituel de la guerre. Tout ce grand fracas, toutes ces menaces, tout ce pastiche de 93, que fit la majorité de la Commune, consista seulement en mots, en phrases, en décrets. Ce fut de la pose. La loi des ôtages ne fut pas appliquée, grâce à la minorité ; grâce aussi, je le crois, à la secrète répugnance de ces copistes de la terreur, qui en dépit d'eux-mêmes étaient de leur temps et de leur parti— car la démocratie actuelle est humaine. La loi des ôtages ne fut appliquée que le 23 au soir, quand le pouvoir communal n'existait plus de fait (sa dernière séance est du 22.) Ces exécutions eurent lieu par les ordres seuls de Raoul Rigault et de Ferré, deux des plus malheureuses personnalités de la Commune, qui jusque là n'avaient cessé, toujours en vain, de réclamer des mesures sanglantes.

Mais il faut bien ajouter qu'elles n'eurent lieu qu'après deux jours et deux nuits de fusillades versaillaises ; qu'après deux jours et deux nuits, pendant lesquels les *gens de l'ordre* avaient fusillé, par centaines, les prisonniers faits sur les barricades : des hommes qui avaient déposé les armes, des femmes, des adolescents de 15 et 16 ans ; des gens arrachés à leurs maisons, des dénoncés, des suspects, peu importe ? on n'avait pas le temps d'y regarder de près. On tuait en tas ; on recourut, pour aller plus vite, aux mitrailleuses. Assez de témoins ont entendu leur craquement funèbre, au Luxembourg, où sur les trottoirs, le long des grilles, les pieds glissaient dans le sang ; à la caserne Lobau, dans le quartier St-Victor, du côté de la Villette....

Sur les incendies, il y a toute une enquête à faire. Mais trois points certains doivent être établis :

1º Ces incendies ont été surfaits, exagérés outre mesure, et l'on s'en est servi d'une façon odieuse pour les besoins de la vengeance.

2º Plusieurs ont été allumés par les obus des assaillants.

3º Les maisons incendiées par les fédérés ne l'ont été que pour les nécessités de la défense, et non pas avec ce projet fantastique qu'on leur impute de brûler Paris. Les soldats s'introduisaient par derrière dans les maisons attenantes aux barricades et de là tiraient à feu plongeant sur les défenseurs. Il fallait donc : ou brûler ces maisons à l'intérieur, ou abandonner le combat.

Quant à l'incendie des Tuileries, de la Préfecture de police, du Palais de justice, de la Légion-d'honneur, etc., le nom des coupables n'est pas connu, et quand on se rappelle le premier incendie manqué de la Préfecture de police, au mois de novembre précédent ; quand on songe à l'intérêt qu'avaient telles gens à la destruction de certains papiers ; aux agents de Versailles qui remplissaient Paris ; à l'intelligence des flammes, qui ont respecté tout ce dont la perte, en monuments ou en collections, eût été irréparable ; quand on pense à la situation douteuse du pouvoir légal vis-à-vis de la France, qui lui était hostile, et qui, si elle n'approuvait pas la Commune, reconnaissait du moins la légitimité des réclamations de Paris ; au danger dès lors qu'offrait l'exécution du plan d'extermination, dicté par une politique à la Médicis, en même temps que caressé par une haine implacable, — danger tel que le vainqueur pouvait succomber par sa victoire, — on comprend qu'un grand crime, attribué aux fédérés, pouvait seul, en excitant la colère publique, permettre cette extermination, ces vengeances ; et l'on peut soupçonner, sous cet incendie de Paris, un des plus épouvantables mystères que l'histoire ait à pénétrer.

L'histoire des républiques, telles que la république française actuelle, ressemble beaucoup, malheureusement, à celle des empires. Ce n'est pas à la surface qu'il faut la voir, et ce n'est pas au grand jour qu'elle s'élabore. Pour qui l'a bien observée, cette histoire, elle n'est autre, depuis le 4 Septembre, que le développement d'un complot monarchique, immédiatement formé, et qui entre en guerre, en même temps que les Prussiens, contre la République. Et cette guerre latente est la principale ; car l'autre en devient le terrain, le tapis franc, et en reçoit son issue.

Les monarchistes, on le sait bien, n'eurent jamais de

patrie, pas plus que leurs princes ; ainsi voit-on ceux-ci, dès que la France est abattue, accourir sans pudeur, chacals affamés, sur cette proie. Le premier souci des faux républicains du 4 Septembre n'est pas l'ennemi national, c'est la démocratie populaire. Après tout, Guillaume est un roi ; entre rois et conservateurs on s'arrange toujours ; le pis est de payer, et c'est le peuple que cela regarde. Mais la démagogie ! mais le socialisme ! grands dieux ! Avoir le peuple pour maître au lieu de le gouverner ! Se voir disputer cette oisiveté dorée, qu'on a conquise, au prix, déjà, de tant d'autres capitulations ! — Ils n'eurent plus que cet objet, que cette peur, et lui sacrifièrent la France. La République victorieuse, arrachant le pays à l'abîme où l'avait jeté la monarchie, cela pouvait être la fin du vieux monde.

Paris surtout, Paris ! c'est lui qui excitait leur terreur. Paris socialiste, Paris armé, délibérant dans ses clubs, dans son conseil et s'administrant lui-même ! Ce génie si longtemps captif, et même alors dangereux, enfin délivré ! Quel exemple ! Quelle propagande ! Quel péril !

Et puis, Paris est la seule place où l'on puisse asseoir le trône. Mais le peuple l'occupait, cette place, le peuple armé ! Il fallait donc la déblayer à tout prix. Mais le prétexte d'une telle mesure ne pouvait être qu'un méfait du peuple, un abus de ses armes, une insurrection enfin, qui du même coup permettrait de fusiller et d'emprisonner les démocrates. — Ce plan n'est pas nouveau, il est presque aussi vieux que les aristocraties. Les conservateurs n'inventent plus... mais ils perfectionnent. Jamais en effet jusqu'ici, rien de ce genre n'avait été fait d'aussi grand.

Qui donc, depuis la fin de février jusqu'au 18 mars, presque chaque jour, au passage des trains dans les gares des campagnes, jetait ces bruits : *On se bat dans Paris ! Paris est en feu !* Ce qui faisait dire aux paysans avec rage :—Après tant de malheurs, ces brigands de Parisiens ne nous laisseront donc point vivre en paix !

Qui donc avait employé les cinq mois du siége, les cinq mois du silence forcé de Paris, à persuader aux campagnards que c'étaient les républicains qui avaient forcé l'empire à la guerre ? et que les Parisiens, non seulement refusaient de se battre contre les Prussiens ; mais encore empêchaient Trochu de faire des sorties, par la nécessité de contenir leurs émeutes ?

Qui donc osa la répéter à la tribune, cette même calomnie effrontée, à la face de Paris indigné, devant la conscience révoltée de tous ceux qui avaient partagé les douleurs de ce siége, pires que les privations, et l'ardent patriotisme du peuple parisien, coupable seulement d'une patience et d'une crédulité trop grande, vis-à-vis de ses gouvernants ?

C'est ainsi qu'on excitait la France contre Paris, qui avait fait la République et la voulait maintenir. C'est ainsi qu'on flétrissait la victime avant de l'exécuter, et qu'on ruinait autour d'elle toutes les sympathies, avant de tendre le piége où elle devait périr. De l'aveu de tous les journaux modérés, l'attaque du 18 mars fut une provocation. Le départ immédiat du gouvernement, de tous les services publics, l'enlèvement des caisses et de tout le matériel de l'administration, montre un plan arrêté d'avance. L'émeute devint une révolution. Le grand courage du petit machiniste de ce drame ne faiblit pas. On isola de nouveau Paris, et la calomnie officielle dont l'empire avait fait une institution, devint un service public, appuyé avec ensemble par tout le chœur des calomnies officieuses. Paris était à feu et à sang... en province. On y jetait les enfants dans la Seine ; on y clouait les vieillards contre les murs. — L'humanité semble divisée en roués et en naïfs, en gouvernants et en gouvernés. Les bonnes gens crurent tout cela... parce qu'on le disait. J'ai vu des lettrés, des intelligents, des démocrates, n'entrer à Paris qu'en tremblant.

Combien y a-t-il d'esprits indépendants qui se soient dit : Quand les vainqueurs ont seuls la parole, quand les vaincus ne peuvent rien alléguer, ni rien démentir, il est de justice et de sens commun de suspendre son jugement?

Combien y a-t-il de gens qui aient voulu douter des accusations calomnieuses, répandues à pleines colonnes par les journaux officieux, et odieusement répétées par les autres, sur les hommes et les faits de la Commune, et sur tous ceux en général qui avaient pris parti pour la révolution communale ? Eh bien, je demande à citer deux faits comme exemple ; et s'ils ont un trop grand caractère de personnalité, que j'aurais évité en toute autre occasion, c'est que plus le témoignage est direct, plus il est concluant :

Non contents de m'avoir fait arrêter, interroger, puis relâcher, sans que j'aie jamais cessé d'être libre... dans une cachette prudente, un journal, dont on s'abstient de prononcer le nom par pudeur, a osé mêler à des extraits d'articles écrits par moi, des lignes qu'il signe également de mon nom, et où il me fait demander à la Commune... des fusillades. — On m'a fait encore prononcer un discours à la chute de la colonne et porter en triomphe, après ce discours, quand je n'ai pas mis les pieds place Vendôme, et n'ai fait que déplorer ces enfantillages démolisseurs.

Voici l'autre fait : Nous apprenons par lettre l'arrivée en Suisse d'un de nos amis. Trois jours après, *Paris-Journal* publie que ce même personnage vient d'être arrêté dans une maison de débauche, et ajoute à ce récit des mots effrontés, prononcés, dit-il, par *ce communeux*.

Ces deux faits, dont je puis, vous le voyez, témoigner en toute assurance, ne vous disent-ils pas ce qu'il faut penser du reste? Et un tel système, appliqué sous la garantie du gouvernement, et par ce gouvernement lui-même, ne démontre-t-il pas l'existence d'une faction capable de toutes les infamies et de tous les crimes, pour arriver à son but? l'existence d'un plan poursuivi avec ensemble, et qui a son mot d'ordre et ses rôles préparés?...

De tous les points de la France, que de démarches n'ont pas été faites pour conjurer cette guerre fatale, pour sauver Paris! Combien de députations! que de tentatives! que de projets de conciliation! que d'instances! La Commune se garda bien de se donner le beau rôle en y acquiesçant ouvertement; mais elle ne refusa rien, puisque jamais aucune concession ne fut faite du côté de Versailles. Le *non possumus* de M. Thiers fut à la hauteur de celui du pape. On avait beau lui demander : Voulez-vous accepter ceci? cela? Il ne voulait qu'une chose, celle précisément qu'on s'efforçait d'empêcher : l'extermination des démocrates et l'écrasement de Paris.

Et il a réussi! Ce complot de mensonge, de meurtre et de monarchie a réussi. Les chemins du trône sont maintenant déblayés. La liberté a repris ses chaînes ; la pensée a ses menottes ; encore une fois, grâce à la peur, tout est permis à ceux qui règnent. La ville qui était la capitale du monde, et qui n'est plus même la capitale de la France, a perdu ses citoyens ; mais elle a retrouvé ses petits-crevés et ses courtisanes. Tout ce qu'elle avait de sang généreux a coulé dans ses ruisseaux et a rougi — ce n'est pas une figure — les eaux de la Seine ; et pendant huit jours et huit nuits, afin que le Paris de la révolution redevînt le Paris des empires, on en a fait un immense abattoir humain !

J'ai vu ces jours de sang ; j'ai entendu pendant ces nuits horribles, le bruit des feux de peloton et des mitrailleuses. J'ai reçu de nombreux témoignages ; j'ai recueilli les aveux écrits des assassins eux-mêmes, au milieu de leur joie féroce ; et jamais le sentiment d'indignation qui s'est élevé en moi ne s'apaisera ! et tant que je vivrai, partout où je pourrai être entendue, je témoignerai contre cette incarnation monstrueuse de l'égoïsme, de l'hypocrisie et de la férocité, que l'imbécile vulgaire accepte sous le nom de *parti de l'ordre*, et qui derrière cette raison sociale abrite effrontément ses tripots, ses coupe-gorge et ses lupanars.

Et l'on parle encore de 93 ! Et le spectre rouge, tout en loques, sert encore d'épouvantail à la volatile ! Qu'était cette terreur rouge du siècle dernier, la seule (car la démocratie n'en fait plus), qu'était-ce que cette crise fatale, qu'expliquent la famine et le danger, en comparaison de ces terreurs tricolores, dont la terreur de 71 est de beaucoup la plus épouvantable, et qui vont toujours croissant de rage et d'intensité ? Quel mois de 93 vaut cette semaine sanglante, pendant laquelle 12,000 cadavres — ce sont leurs journaux qui le disent — jonchèrent le sol de Paris? Les prisons suffisaient en 93; il leur faut aujourd'hui des plaines à Versailles et des pontons dans les ports. La terreur tricolore l'emporte de toute la supériorité de la mitrailleuse sur la guillotine; de toute la distance qui sépare dans le mal, la préméditation de l'emportement. La guillotine, au moins, ne tuait qu'en plein jour et ne tranchait qu'une vie à la fois. Eux, ils ont tué huit jours et huit nuits d'abord; puis, la nuit seulement, pendant plus d'un mois encore. Deux personnes honorables, qui habitent deux points opposés des environs du Luxembourg, m'ont affirmé avoir encore entendu, dans la nuit du 6 juillet, les détonations lugubres.

J'ai beau faire. Je ne vois du côté de la Commune que 64 victimes — si l'on persiste à lui attribuer l'exécution des ôtages, qu'elle n'a pas ordonnée — et de l'autre, j'en vois, suivant le chiffre le plus bas, 15,000 — beaucoup disent 20,000.—Mais qui peut savoir le compte des morts dans une tuerie sans frein, dans un massacre sans jugement, dont toute la règle est le plus ou moins d'ivresse du soldat, le plus ou moins de fureur politique de l'officier? Demandez aux familles qui cherchent en vain un père, un frère, un fils disparu, dont elles n'auront jamais l'extrait mortuaire.

Quand on contemple de tels faits et qu'on voit la réprobation s'attacher... à qui? aux victimes! on est étourdi, et l'on se demande quelle est cette plaisanterie qu'on nomme l'opinion, la conscience humaine? Oui, ce sont les égorgeurs qui accusent! Le monde n'est rempli que de leurs cris! Et c'est aux égorgés qu'on refuse même le droit d'asile, en alléguant la morale outragée et la sainte pudeur!—Quelle est donc cette morale? Que signifie cette justice? Qu'est devenu le sens des mots? Ce monde se dit sceptique; ce siècle se prétend incrédule; et il croit aux larmes des Thiers! aux indignations des Jules Favre! à la sensibilité des bourreaux et aux serments des faussaires! Pourquoi pas à l'honneur des Louis Bonaparte?

Hélas! la politique de cette malheureuse humanité ne consistera-t-elle jamais qu'en un changement de noms?

Vous, messieurs, qui représentez ici la pensée intelligente des classes éclairées, qui croyez à la paix, qui croyez à la liberté, et par conséquent à la conscience humaine, votre devoir est de protester contre de tels crimes. Feindre de ne pas les voir, quand ils remplissent le monde, quand ce pays où vous êtes est semé des débris de ce naufrage, serait trop puéril et trop faux, et je le répète, votre devoir s'y oppose. Vous êtes la Ligue de la paix, et l'on égorge! et les fusillades interrompues recommencent... à Marseille... bientôt à Versailles. Autrefois, c'était sans jugement; à présent, ils y joignent une parodie de justice; mais ce sont toujours les vainqueurs exécutant les vaincus. Vous êtes la Ligue de la liberté, et 40,000 hommes sont entassés dans des cales; et toutes les libertés, de nouveau, sont violées; et la terreur, depuis quatre mois, règne à Paris! C'est la vieille barbarie, victorieuse de tous les instincts du monde nouveau. Vous devez protester contre elle, et mettre au ban de l'humanité ces égorgeurs et ces proscripteurs.

Car, même abstraction faite de la liberté, vous n'êtes pas de ceux qui confondent la paix avec le silence, et vous savez ce qu'un tel régime prépare, et que ce n'est pas la paix. Ce ne sont pas des œuvres de paix, que la résistance au progrès, la compression de la liberté, la négation des besoins nouveaux, que ressent l'humanité du XIXᵉ siècle ? Tout cela, vous les avez bien, ne sert qu'à préparer de nouvelles guerres, d'épouvantables guerres sociales, comme celle qui vient d'avoir lieu. Vous croyez tous que la paix du monde actuel est attachée au développement de l'intelligence, de la moralité et du bien-être des peuples. Or, comment le gouvernement de Versailles, ce gouvernement qui se prétend lui aussi le sauveur de l'ordre, de la morale et du bien public, comment remplit-il ce triple but ?

Est-ce par ses lois financières, qui font peser sur la consommation du pauvre les frais de la guerre ? et qui ne trouvent pas mieux à imposer, autre part, que les besoins de la pensée ?

Est-ce par la haine immense dont il a rempli les âmes ? Est-ce par ses meurtres, ses insultes, ses proscriptions ?

On sait dans quel état ces conservateurs ont mis l'industrie. Déjà dépeuplé par le cimetière, l'atelier devient désert par l'émigration, qui pour la première fois se produit à Paris et y prend des proportions irlandaises. Nos meilleurs ouvriers, (parmi ceux qui restent) vont porter à l'étranger leur habileté, leurs procédés, et la France, encore une fois, comme au lendemain de la Réforme, comme après la révocation de l'édit de Nantes, saignée par le fer meurtrier de ses forces les plus vitales, va éparpiller le reste dans le monde entier. Remarquons en passant que ces proscriptions, autrefois, avaient lieu du

2

moins pour des croyances; aujourd'hui pour des appétits.

Votre conviction à tous est qu'il n'est d'autre issue à la période fatale où nous sommes, que par l'éducation populaire. Il faut — il n'y a pas de milieu — vivre du suffrage universel, ou en mourir. S'il reste dans les ténèbres où il est plongé, nous en mourrons — et l'on ne saurait nier que la France déjà n'en soit bien malade et bien diminuée.—Nous en vivrons d'une vie plus large, plus heureuse, plus forte, si la lumière y pénètre. Eh bien, que fait pour l'instruction publique le gouvernement actuel de la France?

La révolution du 18 mars avait enlevé l'école à l'immonde et funeste enseignement du prêtre. On la lui rend. Ce gouvernement, défenseur de la morale, ignorerait-il donc cette horrible corruption des mœurs de l'enfance, qui, malgré tant d'obstacles apportés à sa divulgation, éclate en scandales si épouvantables et si fréquents? Non, sans doute, mais que leur importe? L'histoire de Loriquet et le dogme de l'obéissance sont des enseignements si précieux pour l'électeur! Et puis la corruption ne favorise-t-elle pas l'abêtissement?

A la tête de l'instruction publique, se trouve un homme, seule épave du 4 septembre, dont le nom fut pour les naïfs un avénement. Auteur léger de plusieurs gros livres, de la *Religion naturelle*, entr'autres, cet homme a surtout bâti sa réputation sur ce grand sujet, sur cette nécessité première, d'une sérieuse instruction publique. Il l'a sous sa direction depuis un an. Pendant le siége, la plupart des municipalités de Paris, pleines de zèle à cet égard, nommèrent des commissions, qui proposèrent des réformes, et tout d'abord l'exclusion des prêtres de l'enseignement public. Le ministre ne les contraria point, il les engagea même gracieusement à former des plans ; il reçut leurs pétitions ; mais ne fit droit à aucune. Les commissions apprirent bientôt que le directeur du service, véritable chef du ministère, était encore le même clérical auquel Sa Majesté Napoléon III avait daigné confier ces délicates fonctions. On eut beau demander son changement ; il resta ; il y est encore. — Qui n'admirera le dévouement du ministre titulaire, couvrant ainsi d'une réputation acquise par l'idée démocratique, la continuation du système obscurantiste? L'amour de l'ordre à tout prix peut seul dicter de tels sacrifices ; mais il est clair qu'ils sont jugés nécessaires, et que sur ce point rien n'est à attendre, rien à espérer.

Non ; parce qu'il y a en réalité que deux partis en ce monde : celui de la lumière et de la paix par la liberté et l'égalité ; celui du privilége par la guerre et par l'ignorance. Il n'y a pas, il ne peut pas y avoir de parti intermédiaire ; j'entends de parti sérieux.

Cessons donc enfin — ce ne sera pas trop tôt — de nous laisser abuser par cette parole officielle, dont toute l'histoire n'est qu'un long parjure, et tâchons d'en désabuser le monde. Il est temps, il est grand temps de rompre, non seulement avec les maux qu'elle nous fait, avec les ruines qu'elle cause, avec les malheurs qu'elle accumule, mais encore avec son effrayante immoralité. Ne voit-on pas que toute monarchie, ou toute aristocratie, autrement dit tout privilége, est par nature obligé de mentir, d'être fourbe, parce qu'il est en désaccord avec la justice? Devant cet instinct d'équité, d'égalité, qui, malgré tout, est le fonds de la conscience humaine, et quoiqu'on

fasse, la base de tout jugement, le mot privilége a toujours eu le son faux, le sens d'injustice. Le privilége a
toujours été l'immoralité ; mais de plus en plus il se
sent l'être et est reconnu tel. Que faire dans ce danger?
sinon parler morale, en parler beaucoup, s'en faire le
professeur et l'arbitre. — C'est ce qu'ils font tous. Et de
plus en plus avec un art effrayant, qu'à la fois rend plus
raffiné la peur, et plus audacieux leur nouvel appui :
l'ignorance des masses.

Il y a toujours eu des discours bien sentis, prononcés
du haut des trônes ; mais autrefois, du moins, jusqu'à
un certain point, l'orateur y croyait lui-même, ce qui
n'est plus possible aujourd'hui. Or, plus manque la sincérité, plus interviennent l'ordre, la morale, la Provi-
dence. Napoléon III, au lendemain de son crime, arrive,
en ce genre, à des chefs-d'œuvre. Il avait à faire cette
chose difficile de parler en même temps à deux publics
différents : les béats campagnards, qui le prenaient pour
Messie, et les lettrés, qui, soit ennemis, soit complices,
le connaissaient. Et il accomplit cette heureuse fusion de
l'hypocrisie et du cynisme, qui méritait de faire école,
et sert maintenant de modèle à ses successeurs.

En parcourant ces sortes de discours, on pourrait ob-
server comment plus le crime grandit, plus le ton s'é-
lève ; comment plus l'assassin égorge, plus il s'indigne
contre l'égorgé ; que plus il trahit, plus il prend à témoin la sainte vérité ; que plus il se vautre, et abuse des
caisses publiques, plus son front serein dépasse les nua-
ges. Quand la capitulation est déjà prête, au lendemain
du 22 janvier, Jules Ferry s'écrie : Un crime odieux a été
commis !... et les hommes, les pères de famille tombés

sous les balles de l'Hôtel-de-Ville, dans un effort désespéré pour arracher Paris aux mains des misérables qui l'ont perdu, il les accuse d'avoir vendu leur mort aux Prussiens, et parle encore effrontément des intérêts de la défense.

C'est après cinq jours et cinq nuits de massacre, après que des milliers d'hommes qui avaient mis bas les armes, ont été fusillés par les soldats, que ce bon M. Thiers trouve dans son cœur un élan d'indignation, au sujet d'un officier fusillé, dit-il, par *ces scélérats*, SANS RESPECT POUR LES LOIS DE LA GUERRE.

Le mot est introuvable, et tout cela dans son genre est fort réussi.—Mais où allons-nous? Que deviennent la langue, le sens moral, la foi humaine, dans cet effroyable abus? Faut-il attendre que le vocabulaire souillé n'ait plus de mots à l'usage d'une bouche honnête? Honnête! ce mot lui-même est flétri. Tout ce qui appelait autrefois le respect, maintenant appelle le sourire, éveille l'ironie. La langue noble et sérieuse n'existe plus. Cela est effrayant, car ce n'est pas seulement la langue qui se perd, mais tout ce qui unit véritablement les hommes et consolide leurs rapports. C'est la base de tous les sentiments naturels et vrais, la confiance, qui disparaît; c'est la probité sociale qui succombe, laissant la vie commune aussi stérile, et moins sûre, que le désert. Et l'on se plaint du relâchement des mœurs, de l'affaissement des caractères! Quand, à ce qu'on nomme le sommet social, en pleine lumière, sont affichés, comme un exemple à tous les yeux : le mépris des serments, la débauche, le meurtre, la calomnie et l'hypocrisie de métier, devenue cynique !

Je sais bien qu'on peut dire : ce sont les rages et les convulsions de l'agonie. Je le crois aussi. Mais songez-y, cette agonie peut être longue. L'ignorance populaire et la monarchie sont deux lignes courbes qui en se soudant forment un cercle, où l'on peut tourner longtemps, où l'on rentre, hélas! vous le voyez, même après l'avoir rompu. Il y a des agonies qui sont des putréfactions, et qui empoiso....ent tout autour d'elles ; des caducités qui pervertissent les enfances. Il y va de vie ou de mort ; d'infection ou de santé, pour nous, pour nos enfants, pour beaucoup de générations peut-être. Voyez comme de quasi quarts de siècles, se succèdent, des empires aux royautés, et considérez que depuis 80 ans, nous n'avons pu même revenir au point du départ. Enfin, voyez où en est la France. Ne pensez-vous pas que c'est peut-être assez de telles expériences, et qu'il est bien temps de les cesser? Qui peut se sentir la force d'âme, ou d'inertie, nécessaire, pour supporter de nouveau de pareils déchirements, de tels cataclysmes, pour assister à d'aussi épouvantables spectacles?

Et pourtant, de quelle sécurité pourrait-on jouir, tant que les mêmes ambitions malsaines et criminelles feront du monde leur dupe et leur proie? Le secret de la tragicomédie qui se joue, qui ne le sait? Après ce nouveau *Juin* beaucoup plus terrible, ce va être une nouvelle suppression du mot République, une restauration nouvelle. La plus honteuse même se flatte d'être la plus facile. Elle n'a pas perdu les campagnes ; elle tient tous les postes, que les grands républicains du 4 Septembre lui ont laissés, et l'armée, qu'au prix de l'égorgement de Paris, on lui a rendue.....

Mais celle-ci ou d'autres, qu'importe? c'est le même abaissement, la même corruption certaine. Il n'y a pas deux systèmes. Jadis, les gouvernants, croyant à leur principe, avaient du moins, ou pouvaient avoir, cette sorte d'honneur, qui en un certain ordre de faits, produisait de la vertu et de la grandeur. Mais aujourd'hui, ils ne sont plus que des joueurs à la bourse de l'imbécillité publique, qui haussent ou baissent avec elle; ils le savent très bien, spéculent là-dessus, et tombent de Louis XIV en Robert-Macaire. Les moyens de règne actuels, qu'il s'agisse d'empire, de royauté, ou d'une prétendue République aux mains d'une aristocratie, sont : le mensonge, la peur, la corruption, la calomnie, aidés des fusillades à propos.—Mais les systèmes aussi empirent en vieillissant ; car les moyens s'usent, et il faut aller de plus en plus fort.... Quel avenir !... si ce n'est la fin?

Cependant, beaucoup de gens, que les mots affolent, ne voient de malheur à craindre que dans le rétablissement de la monarchie. Ceux-là sont difficiles à convaincre.

La France, abandonnée à l'étranger ; les trahisons et les malversations de 1870; l'armistice et la paix de 1871, la guerre civile, l'égorgement de Paris, la terreur tricolore, l'instruction publique aux prêtres, la presse aux financiers, la justice aux entremetteurs, l'armée aux assassins, l'administration aux corrompus, la politique aux Basiles, que peut faire de mieux une monarchie? Cessons de nous acharner sur les effets au profit des causes. Le trône n'est autre chose qu'une barricade à l'usage des aristocraties. Il occupe l'ennemi, reçoit les coups, et quand au bout de quinze ou vingt ans, il est emporté, elles en sont quittes pour déclarer qu'il ne valait rien, faire des proclamations aux vainqueurs, et travailler immédiatement à en rebâtir un autre.

Si vous êtes conséquents, Messieurs, si vous êtes sincères, en contemplant les treize mois écoulés depuis le 4 Septembre, tant d'intrigues, tant de crimes, tant de duplicités, tant d'horreurs, vous reconnaîtrez—non plus seulement que la paix entre les nations est incompatible avec la monarchie—mais que la paix des nations elles-mêmes, et la moralité publique, sont incompatibles avec l'existence des aristocraties. Et vous ajouterez à votre titre, cet autre dogme révolutionnaire, l'égalité, que vous négligez à tort ; car la liberté ne peut exister sans elle, pas plus qu'elle ne peut exister sans la liberté.

———

Quelque divisés qu'ils soient, prêts à se dévorer dès qu'ils n'auront plus peur et qu'il s'agira de la curée, ils se sont mis pourtant tous ensemble : Mac-Mahon et Changarnier, Thiers et Rouher, le duc d'Aumale et Jules Favre, Jules Simon et Belcastel, Vacherot et du Temple, Ferry et Hausmann. Ils se sont réunis tous contre le grand ennemi, le Satan de la révolte populaire.

Thiers a oublié Mazas et les d'Orléans la confiscation. Audran de Kerdrel a oublié Deutz et Blaye. On voit trinquer, hurler, dénoncer et tuer ensemble les Villemessant de tous les journaux, les Galiffet de toutes les alcôves, les St-Arnaud de toutes les caisses, les vieux et les petits crevés de tous les régimes. Ils se sont tous essuyé les joues sur les soufflets qu'ils se sont donnés, et se sont employés, d'un touchant accord, à fusiller, à incarcérer, à décréter et à budgéter en bons frères. — Parce que ces gens-là ont une foi; une foi inébranlable et profonde. Le comte de Chambord, le comte de Paris, le Bonaparte, ce sont leurs saints; mais au-dessus de leurs saints, ils ont un Dieu, le Privilége, et sur son autel ils sacrifient leurs ressentiments et leurs divisions.

C'est là leur force; et ils l'auront toujours, tant qu'elle ne sera pas détruite par une plus grande force contraire; car, en cas pareil, ils feront toujours ainsi.

Pourquoi les démocrates agissent-ils différemment? C'est ce qui fait leur faiblesse.

Parce qu'ils n'ont pas une même foi; ni une foi profonde. Parce qu'ils sont divisés en une infinité de petites chapelles, plus monarchiques qu'elles ne veulent en avoir l'air, et surtout en deux grandes sectes, qui adorent l'une la liberté, l'autre l'égalité.

Ce qui est au fond comme serait un combat entre les partisans de la Vierge d'Atocha et ceux de la Vierge de Lorette; car la liberté et l'égalité sont un seul et même Dieu en deux personnes.

Notre dogme à nous vient du Sinaï de la grande Révolution, grande, parce qu'elle fut révélatrice, grande, beaucoup moins par ce qu'elle a fait que par ce qu'elle a dit. Qui se prétend démocrate, date sa naissance de la Déclaration des droits de l'homme. Aucun assurément ne la rejette, et ce sont même les libéraux qui parlent le plus de 1789. Eh bien, que dit-elle? — « Libres et égaux. »

Et elle ne pouvait pas dire autrement; car, du moment où le droit, le droit nouveau qui va renouveler le monde, est fondé sur la simple qualité d'homme, il ne peut y

avoir d'égalité sans liberté, ni de liberté sans égalité.
L'une implique l'autre absolument. Creusez l'un des deux
termes et vous trouvez l'autre au fond.

— Si vous jouissez d'avantages, que je ne puis obtenir
moi-même et qui me sont nécessaires, si je ne suis pas
votre égal, vous êtes mon bienfaiteur ou mon maître. Je
ne suis pas libre.

— Si l'égalité décrétée par vous, offense ma conscience,
ordonne de mes goûts, tue mes initiatives, je ne suis pas
libre ; vous êtes mon pape et mon roi.

Etre libre, c'est être en possession de tous les moyens
de se développer selon sa nature. Si cette liberté est la
vôtre — et n'est-elle pas juste et vraie ? — nous nous
entendons ; car c'est justement notre égalité ; et nous
n'avons plus qu'à chercher ensemble les mesures par
lesquelles la société humaine réalisera ce but légitime,
normal.

Eh bien, oui, dût cette opinion, ou du moins cet espoir
— car on ne fait rien sans une espérance, si faible soit-
elle, — dût-elle paraître à beaucoup une naïveté, je crois
qu'il serait facile d'élaborer, sur le terrain des principes
de la Révolution, un traité d'alliance, un programme
commun à tous les démocrates sincères, programme au
bout duquel toute liberté serait laissée à chacun de s'arrêter ou de poursuivre sa route. Il y faudrait seulement
une bonne volonté vraie ; l'étude sérieuse des questions,
à la lumière des principes ; au lieu de la critique âpre, et
toujours un peu personnelle, qui grossit les malentendus,
la recherche des points de rapport. Il faudrait employer
à élaborer l'idée et à la répandre, le temps et les moyens
qu'on perd à se dénigrer, à se combattre et à dépopula-

riser la cause par le bruit de ces dissensions. Il faudrait enfin renoncer à ses défauts, ce qui évidemment est difficile, et à ses préjugés, ce qui ne l'est pas moins ; mais ce qui pourtant ne serait pas impossible à des hommes en marche sur la route de l'idée et du progrès. Le plus difficile, comme en toutes choses , est le premier pas de la mise en question des choses établies ; mais l'esprit qui a fait cet effort peut les faire tous, pourvu que son mobile soit la recherche sincère.

Aussi, n'est-ce qu'aux sincères que je m'adresse, laissant les autres railler de telles illusions ; c'est à ceux qui sentent l'imminence du péril où est la France, où est la révolution dans le monde entier ; et qui souffrent au plus profond de leur âme, de tant de fautes et de puérilités de ce côté, de tant de crimes de l'autre ; de la démoralisation croissante, en face de tant d'abjurations et de trahisons ; du doute mortel qui envahit la conscience humaine ; à ceux qui ont trouvé des leçons dans les spectacles que nous avons sous les yeux ; à ceux-là surtout qui voient, qui sentent venir, au loin, l'épouvantable bataille, où les appétits matériels d'en bas se vengeront à la fin des appétits matériels de ce qu'on appelle *en haut* et seront sans frein, comme les autres ont été sans pitié ; la guerre sanglante, féroce, inexpiable, comme celle qui vient d'avoir lieu — mais plus décisive, car les aristocraties ne peuvent pas exterminer le peuple, mais le peuple peut exterminer les aristocraties.

Et comment s'étonnerait-on qu'à force de tels exemples, ce peuple perdît ce qu'il a, dans sa misère, de patience, d'idéal et de bonté ? Est-ce donc à cause de son ignorance qu'il serait obligé à plus de vertu ? Qui

peut mesurer la haine amassée à cette heure dans le
cœur des veuves, des pères, des filles, des frères, des or-
phelins? — Ah! c'est en tuant qu'on répond à nos revendications; eh bien, il ne sert plus de parlementer. — A
la fin, la défense devient l'attaque. A la rage sauvage, répond la rage sauvage. Les hommes du peuple ne sont
pas des philosophes stoïques. Qui peut s'en indigner?
Sont-ce les lettrés qui les tuent? Ou même ceux qui les
laissent tuer?

Je reviens à mon rêve d'union, tout insensé qu'il soit.
Il ne faut pourtant jamais désespérer. Quelquefois, quand
les châteaux brûlent, il y a des nuits du 4 août.

Le grand point qui divise les démocrates libéraux et
les socialistes, c'est la question du capital, la même, sous
une forme plus précise, que cette question de liberté et
d'égalité, dont je parlais tout à l'heure. Je ne puis songer
à la traiter ici avec étendue; je veux seulement indiquer
un fait aussi vrai que peu compris généralement : c'est
que la plus grande partie de la bourgeoisie, toute la
bourgeoisie moyenne et pauvre, souffre autant que le
peuple du régime actuel du capital.

Tout le monde connaît, et plaint, l'avenir du jeune
homme sans fortune, frais bachelier, qui se présente,
plein d'espérance, et avec toute l'ambition que confère
l'éducation classique, au combat de la vie. S'il a du talent, il a de grandes chances d'être écrasé, soit par
l'ineptie, soit par l'envie; s'il a du génie, il est à peu près
perdu ; s'il a du caractère, la chose n'est pas douteuse.

Pourquoi? — Parce que les forces naturelles, ar-
dentes, généreuses, sont en ce monde comme des bras
de noyé, qui ne trouvent rien où s'accrocher. Parce

qu'elles ne peuvent pas par elles-mêmes, et dépendent du bon plaisir d'un autre, élu du hasard, monarque héréditaire, qui se trouve, par droit de naissance, juge de tous les genres de mérite — ou par droit de conquête ; mais ceux-là sont pires encore ; ils sont, à l'idée, des Genséric ou des Attila. — C'est enfin partout l'ordre monarchique, c'est-à-dire de la faveur, de l'intrigue et de l'abus, non de la liberté et de la justice. On se plaint du manque de forces viriles ; mais au lieu de s'employer à produire, elles sont employées à lutter. Ce qu'on trouve au début de la vie, ce n'est pas la route frayée, c'est le hallier, c'est l'obstacle. Combien s'arrêtent à mi-chemin, las, désespérés, dans cette impuissance terrible, à laquelle la capacité, le courage même ne peuvent remédier, parce que tout dépend d'un choix, d'une rencontre, d'une protection. Ceux qui arrivent, épuisés, fourbus, vieillis, ne songent plus qu'au repos, et ce sont ces forces éteintes qui partagent avec les élus du hasard ou les parvenus de l'intrigue, l'empire du monde. Les forces jeunes et pures n'y sont nulle part maîtresses, et c'est ainsi qu'à l'encontre des lois de la nature, la sénilité domine la virilité ; que le passé tue l'avenir ; qu'au lieu de marcher en avant, l'humanité trépigne sur place ; que toutes les nobles inspirations avortent sous la direction caduque de l'égoïsme et de la pusillanimité ; que les élans généreux, les idées fécondes, dont malgré tout est gonflé le sein de l'homme de ce siècle, n'aboutissent qu'à la platitude des faits.

L'humanité a dans ses archives, et relit avec délices l'histoire — toujours la même sous différents noms — de cet homme de génie, qui après maintes épreuves, où il s'en est fallu de bien peu qu'il ne pérît, arrive enfin au triomphe. Rien assurément de plus émouvant et de plus beau. Mais on se laisse aller à croire faussement, sur ce beau conte de fées de la réalité, qu'il en advient toujours de même, et que, tôt ou tard, l'homme de talent trouve toujours sur sa route ce hasard heureux, qui le sauve et le couronne. On oublie que le hasard n'est pas la justice, et que fatalement, pour ce sauvé, il en périt mille, faute du secours, des facilités, que tout humain devrait trouver dans le milieu social, si la société était un ordre au lieu d'un chaos, une science au lieu d'un empirisme.

Puis, il ne s'agit pas seulement de l'homme de génie. Relativement, au point de vue social, mais absolument, quant à l'être que cela concerne, une aptitude inemployée est toujours une souffrance et un malheur.

Cette loi du capital est donc de nature aristocratique ; elle tend de plus en plus à concentrer le pouvoir en un petit nombre de mains ; elle crée fatalement une oligarchie, maîtresse des forces nationales ; elle est donc non seulement anti-égalitaire, mais anti-démocratique ; elle sert l'intérêt de quelques-uns contre l'intérêt de tous. Elle est une des expressions, non de la vérité nouvelle, mais de cette conception du passé qui, sur terre comme au ciel, en religion comme en politique, n'admet toujours qu'un petit nombre d'élus. Elle est donc en opposition avec la conception nouvelle de la Justice ; avec la tendance irrésistible qui fait tout pencher en ce temps-ci du côté du nombre ; avec cet instinct qui de plus en plus pénètre les masses—instinct dont il faudrait se hâter de faire une morale et une science, avant que, croissant inévitablement en force et en puissance, il s'en prenne lui-même aux faits, plus brutalement peut-être.

Cette loi enfin, je le répète, est en opposition avec l'intérêt même de la plupart de ceux qui la défendent ; avec l'intérêt de tous ceux qui n'ont pas trouvé dans leur berceau la clef d'or qui ouvre les portes de la vie.

Elle tient en servage, tout comme le pauvre, cette grande majorité de la bourgeoisie qui vit de son travail, de sa capacité, et qui même, peut-être, dépend plus que le manœuvre du bon plaisir et de la faveur des capitalistes, des grands. Seulement, plus proche des sources de la fortune, elle croit pouvoir y tremper plus facilement ses lèvres, et même quand le flot la fuit, espère toujours, — ou ne se désaltère qu'au prix de ces complaisances, de ces abdications, qui sont la honte, la faiblesse et le malheur de ce temps.

Pour beaucoup d'esprits, cependant, cette loi du capital est fatale, insurmontable. — C'est la superstition du fait. — Il n'y a rien de fatal contre la justice. Des solutions ont été proposées ; elles sont à examiner sans parti pris. Il y en a de plus ou moins radicales ; mais toutes demandent à être abordées avec la haine complète et sincère du passé de droit divin, avec la foi complète et sincère de la révolution du droit humain, avec le désir de l'égalité.

Vous l'avez posé sur vos programmes, ce problème, mais l'avez-vous abordé assez franchement ? dans toute l'ardeur, dans toute l'indépendance dont votre pensée, dont votre conscience sont capables ? Avez-vous commencé, comme autrefois on déposait ses sandales au seuil d'un temple, par déposer les habitudes, les pré-

jugés du vieux monde? et surtout les intérêts qui unissent
votre cause à la sienne? et encore les concessions que
bon gré mal gré, au conseil de votre ambition, au mal gré
de votre conscience, vous lui avez déjà faites? tous ces
liens qui sont des chaînes, et pour le caractère et pour la
pensée? C'est en de telles dispositions qu'il faut être pour
s'entendre avec les déshérités.

Oui, tous les fils de la révolution, tous ceux qui accep-
tent ses principes dans leur sublime intégralité, peuvent
marcher ensemble sur ce grand chemin, tout bordé de
conquêtes perdues, que l'on peut suivre longtemps, longtemps, en bon ordre de bataille, avant d'arriver aux divers
sentiers qui mènent aux terres inconnues.

Mais il faut le vouloir. Il faut de part et d'autre abjurer
ses préventions, ses rancunes, et certains dédains qui
tiennent encore à l'esprit aristocratique. Une doctrine qui
proclame le droit des déshérités, qui rend la société res-
ponsable des vices du pauvre, qui flétrit toutes les injus-
tices et déclare le bonheur possible pour tous, doit né-
cessairement attirer à elle, non pas seulement, — et malheureusement pas assez, — le peuple misérable,
mais aussi tous les mécontents de l'ordre actuel, tous les
égoïsmes froissés, toutes les ambitions trompées, légi-
times où non, saines ou malsaines. Ainsi, Madeleine, Simon, les Samaritains, compromettaient Jésus. On admire
cela.... dans l'Evangile. Au club, on s'indigne et on se
retire, en secouant ses souliers. De fait, les pécheurs de
Jésus étaient repentants; les nouveaux ne le sont guère.
Mais que fait cela? La démocratie est une guérisseuse;
elle traîne à sa suite un hôpital. C'est son malheur, et sa
gloire. Heureuse, si elle n'avait que ses clients populaires

et si la bourgeoisie ne lui envoyait ses rebuts, ses fruits secs, et les incapacités vaniteuses, qu'elle s'entend si bien à produire ! Car ce sont eux surtout qui, pour se mieux faire entendre, crient les choses insensées ; qui éblouissent aisément le peuple par une rhétorique pleine de mots, et vide de bon sens ; qui, pour le plaisir de se faire chefs, l'entraînent à des entreprises folles et désastreuses ; qui, au lieu de le porter à la réflexion, de l'instruire dans la justice, n'excitent en lui que la haine et la passion. Ce sont ces échappés de collége qui, n'ayant dans la tête que des souvenirs et des phrases de livre, font, de l'idée communale, diffusion de la liberté, le Comité de Salut public, son contraire. — Car, ce qu'on ne sait pas assez, ce qu'il faut dire et redire, c'est que la révolution du 18 Mars n'a point été aux mains du socialisme, comme on l'affirme avec intention ; mais encore et toujours, aux mains du Jacobinisme, du Jacobinisme bourgeois, par sa majorité, composée surtout de journalistes, d'hommes de 1848, d'étudiants, de clubistes. La minorité, ouvrière et socialiste, empêcha quelquefois, protesta presque toujours, mais ne put jamais imprimer aux affaires sa direction.

Mais, que le parti démocratique ne soit pas parfait dans tous ses membres, — ce qui d'ailleurs est le fait de tous les partis, — qu'importent les personnes à qui croit profondément aux principes, et sent son devoir de travailler ardemment à leur réalisation ? En ce monde, et en ce temps, le combat est partout ; mais il faut combattre ou périr. Ces pruderies, ou ces découragements, n'ont rien qui ressemble à la conviction et au dévouement, et elles autorisent les reproches que fait à son tour le peuple aux bourgeois libéraux, quand il les accuse de n'être en démocratie que des amateurs, qui récoltent volontiers les applaudissements et les profits, mais s'esquivent dès qu'ils craignent de se compromettre ; qui vont en avant, tant que leur intérêt ou leur vanité y trouve son compte ; mais qui *lâchent* le peuple, qu'ils ont engagé à les suivre, dès qu'ils voient les choses tourner sérieusement, et menacer leur caisse ou leur considération — dans ce monde *comme il faut*, où ce qu'on appelle *les convenances* prime la foi et le véritable honneur. Il prétend encore — c'est toujours le peuple qui parle, — que le cœur manque à la plupart de ces hommes pour comprendre ses souffrances à lui, et pour vouloir autre chose que ce qui leur manque à eux-mêmes. Il se rappelle qu'entre les mains de tels chefs, ses révolutions se sont toujours tournées en compromis politiques, où ses droits seuls ont été oubliés ; il en conclut de la différence des conditions à celle des sentiments, et n'est pas loin d'envelopper sous le même titre tous ceux qui ne sont pas avec lui. — Jugement injuste quant aux intentions personnelles ; mais juste en ce sens, qu'à l'époque où nous sommes, quand les situations sont devenues si tranchées, quand l'heure est si décisive, les compromis ne sont plus possibles.

D'autre part, il faut reconnaître que les démocrates avancés, que les socialistes, en général, méritent un reproche précisément tout contraire par leur volonté inébranlable d'appliquer dès le lendemain, la vérité qu'ils ont ou qu'ils croient avoir découverte la veille. Ils sont dans cette erreur, qui me paraît très fatale, de croire qu'on peut violenter l'opinion pour aller plus vite. — Je

crois au contraire que c'est une des raisons pour lesquelles nous allons si lentement. — Ils oublient que la
vie d'un penseur a deux faces : le droit pour lui-même
d'aller aussi loin qu'il peut, et d'explorer l'absolu — le
devoir, vis-à-vis des autres, de se faire comprendre.
Or, on n'est compris des gens qu'en leur parlant dans
leur langue, et en les prenant au point où ils sont, pour
les amener, s'il se peut, à soi. Le parti avancé en un
mot, est intolérant — et il n'est pas le seul — mais
seulement il le montre davantage.

Et cependant, je persiste à le croire, un traité d'alliance serait possible, qui, réservant en dehors les con-
victions et la liberté de chacun, réunirait contre l'ennemi
de la paix sociale, et dans la réalisation d'un programme
commun, toutes les fractions de la démocratie. Car ils
sont nombreux, les points sur lesquels on peut s'entendre, avant ceux où l'on peut se diviser : toutes les libertés
à reprendre, de presse, de colportage, de réunion ; la liberté communale à fonder ; l'impôt unique et progressif ;
l'organisation de l'armée nationale et citoyenne ; et enfin
et surtout peut-être, l'instruction démocratique, gratuite
et intégrale.

Tant qu'un enfant naîtra, n'ayant d'autres fées à son
berceau que la mort, toute prête à trancher, faute de
soins, sa frêle existence, et la misère qui, s'il échappe à
la mort, rachitisera ses membres ou atrophiera ses facul-
tés, le vouera aux douleurs incessantes du froid et de la
faim, et même souvent, hélas! aux rudesses maternelles, au
lieu de cette fête de la vie, que la femme riche ou aisée
donne à son enfant ; tant que, élevé dans la rue, dans
le bouge, son enfance chagrine sera sevrée, même de

l'innocence ; tant que son intelligence ne recevra tout au plus que l'instruction superstitieuse, et purement littérale d'ailleurs, qui rend si funeste, si stérile et si froide l'école primaire actuelle ; tant qu'il grandira sans autre idéal que le cabaret, sans autre avenir que le travail au jour le jour de la bête de somme, — l'humanité sera frustrée de ses droits, dans la majorité de ses membres ; la société vivra de la vie pauvre, étroite, corrompue et troublée de l'égoïsme ; l'égalité ne sera qu'un leurre, et la guerre, la plus horrible, la plus acharnée de toutes les guerres, soit déchaînée, soit late... désolera le monde, en déshonorant l'humanité.

Après une vive interruption, de la part d'une certaine partie du public, le silence s'était rétabli et ce discours eût pu se faire entendre, quand le président du Congrès a interdit à l'orateur de continuer.

J'avais été invitée à assister au Congrès de la paix et de la liberté, par un des membres du Comité, avec *garantie d'une pleine et entière liberté de discussion*, et non pas moi seulement, mais *mes amis de l'Internationale et de la Commune*. De cette invitation adressée à des proscrits, j'avais conclu à un désir sincère de connaître la vérité, et de la mettre en lumière.

Pourtant, dans cette assemblée qui prend pour objet les questions les plus vitales et les plus brûlantes de notre époque, et déclare l'intention d'intervenir dans la politique au nom de la morale, la parole a été retirée à un témoin, dont nul n'a le droit de contester la sincérité, sur le fait actuel le plus considérable et le plus fertile en conséquences morales, sociales et politiques.

Et sur quel prétexte? Que l'orateur n'était pas dans la question. Quoi! l'ordre du jour est la question sociale; et traiter devant le Congrès de la paix et de la liberté, de la guerre sociale, de ses horreurs et des intrigues et des crimes de ceux qui la font dans le présent et la préparent de nouveau dans l'avenir, ce n'était pas être dans la question !

Qu'entend donc sous le nom de guerre le Congrès de la paix ? N'est-ce pas le sang versé, la violence exercée par l'homme contre l'homme, le meurtre enfin ? La guerre sociale ne serait-elle pas une guerre ! — Mais c'est la plus âpre et la plus cruelle ! Comment donc ce Congrès peut-il se récuser, quand on vient invoquer son verdict sur de tels faits au nom de la paix, de la morale et de la justice ?

C'est une grande et cruelle erreur de la bourgeoisie libérale, que de croire qu'en fermant les yeux sur des faits si énormes et si graves, elle peut échapper à leurs conséquences et conserver elle-même quelque influence et quelque valeur. Se poser en moraliste et dire : Ce crime, parce qu'il est puissant, ne nous regarde pas ; en politiques, et n'aborder que les théories ; en adorateurs de la liberté, et refuser la parole à qui la réclame, — de quels résultats sérieux peut-on se flatter ?

La bourgeoisie a la plume, la parole, l'influence. Elle pouvait se faire l'organe des revendications du peuple égorgé, opprimé, vaincu. Elle n'eût été en cela que l'organe de la justice.

J'étais venue à ce Congrès avec une espérance ; j'en suis sortie profondément triste. Que répondre désormais à ceux qui parlent de parti pris, et mettent en doute la bonne foi ? Que faire contre une scission de plus en plus accusée, quand l'union seule pouvait conjurer l'épouvantable crise qui, tôt ou tard, au lieu et place de la raison et de la justice, devra résoudre le problème ? Pour les hommes attachés au milieu bourgeois, ce qu'ils nomment les convenances étouffe les principes. Ils vivent de compromis ; puissent-ils n'en pas mourir !

ANDRÉ LÉO.

Lausanne, 27 septembre 1871.